------------- Samenkörner

Erstauflage 2016
Texte: Kurt Hörtenhuber
Illustrationen: Günter Bender
ISBN 978-3-902763-78-5

© Copyright by
Verlag OUPS GmbH & Co KG
A-4910 Ried im Innkreis, Austria
Volksfeststraße 16
www.oups.com

OUPS©

Samenkörner für Dein Glück
und für
das Glück unserer Welt.

Einleitung

Du hältst Band Nr. 19 der liebenswerten Buchserie „Oups" in der Hand – mit neuen Erlebnissen des kleinen außerirdischen Herzensbotschafters. Diese herzerwärmende und zauberhaft illustrierte Geschichte von „Oups" enthält viele wert(e)volle Lebensweisheiten, die wie Samenkörner sind – kleine wertvolle Samenkörner für Dein Glück und das Glück dieser Welt.

Für alle, die Oups noch nicht kennen …

Oups lebt auf einem fernen Stern, dem „Herzplanet", auf dem das größte Gut die Liebe ist. Streit, Neid oder Missgunst kennt man dort oben nicht. Ganz im Gegenteil. Einander Freude zu machen und sich gegenseitig zu unterstützen, ist allen Bewohnern dort oben ein Herzensanliegen. Weil Oups wissen wollte, warum die Menschen ganz anders leben, sich viele das Leben so schwer machen, streiten und sogar Kriege führen, beschloss er zur Erde zu fliegen, um zwei Geschenke zu überbringen: die Liebe und die Freude.
So wurden die Menschen zu Freunden und die Erde zu einem Ort, den er immer wieder gerne besuchte – so wie in dieser Geschichte …

Viel Freude beim Lesen und säen Deiner „Glücksamen" wünschen
Autor Kurt Hörtenhuber und Illustrator Günter Bender

Immer wenn der kleine Außerirdische Oups zu Besuch
auf der Erde war, baten ihn Freunde von seinem Zuhause
zu erzählen. Er tat das sehr gerne, denn er liebte seinen
Heimatstern mit all den liebevollen Bewohnern.
So erzählte er an diesem Tag seinem Freund Tom wieder
vom Leben dort oben …

„Du bist wirklich zu beneiden, Oups. Während sich bei uns
auf Erden immer mehr Unzufriedenheit und Armut ausbreiten, ja in vielen Ländern sogar Kriege geführt werden,
scheint auf eurem Stern das Glück nur so zu sprießen",
sagte Tom, der Oups aufmerksam zugehört hatte
und seufzte: „Warum schaffen wir das bloß nicht?
Wir Menschen könnten es doch genauso schön haben,
hier auf unserem wundervollen Planeten."

„Hmm, das ist eine gute Frage, die ich mir auch schon
öfters gestellt habe", sagte Oups nachdenklich und blickte
dabei zum Himmel, als würde er dort oben Rat suchen.
„Wir beide sollten herausfinden, woran das liegt!"

Die Erde war als Paradies für uns Menschen gedacht.
Lass sie uns gemeinsam wieder zum Paradies machen.

„Und wie sollen wir das machen?", fragte Tom verwundert.

„Wir fragen einfach alle, die uns begegnen. Irgendwer muss es ja wissen", antwortete Oups mit einem Schmunzeln, worauf Tom laut lachen musste.

„Warum lachst du, Tom? Vielleicht erfahren wir, was die Ursachen dafür sind, dass das Glück hier auf Erden weniger wird, statt zu wachsen, wie bei uns."

„Du glaubst doch nicht im Ernst, dass etwas besser wird, nur weil wir andere befragen", brummte Tom.

„Ich weiß nicht, ob sich etwas zum Besseren verändern wird, wenn wir das tun. Doch eines", sagte Oups, „weiß ich ganz sicher: Es wird sich nichts zum Besseren verändern, wenn wir nichts dafür tun.
Na komm schon. Machen wir uns auf die Suche nach den Ursachen. Vielleicht gelingt es uns ja dann, einen Weg zu finden, wie wir euch Menschen das Glück zurückbringen können", versuchte Oups seinen Freund Tom zu motivieren.

Wer sich für die Ursache
nicht interessiert,
wird die Lösung nie finden.

Etwas widerwillig stimmte Tom zu: „Also gut. Ich komm mit."
Und so marschierten die beiden los.

Schon nach kurzer Zeit sahen sie in der Ferne einen Bauern, der auf einem Feld seine Saat ausbrachte. Gemeinsam gingen sie auf ihn zu, erzählten ihm von ihrem Gespräch und stellten ihm ihre Frage.

Was wir heute säen ...

Der alte Bauer überlegte nicht lange und antwortete spontan: „Ganz einfach. Weil zu viele Menschen das Prinzip von Saat und Ernte nicht mehr achten. Die Einen möchten mehr ernten, als sie bereit sind zu säen. Andere wollen überhaupt nur ernten, ohne etwas gesät zu haben. Vielen ist nicht mehr bewusst, dass man nur so viel – und nur das – ernten kann, was man vorher gesät hat. Das verhält sich hier auf dem Feld nicht anders, als mit all unserem Tun.

... wird morgen unser Leben bestimmen.

Weil sich der freundliche Bauer sehr viel Zeit nahm, um all ihre Fragen zu beantworten und ihnen bereitwillig von seinen Erfahrungen erzählte, bot Oups an, ihm beim Säen zu helfen: „Ich wollte schon immer mal lernen, wie ihr das hier auf Erden macht. Machst du auch mit, Tom?"

Tom zeigte sich nicht gerade begeistert über das Angebot von Oups, stimmte aber doch nach kurzer Überlegung kopfnickend zu.

„Oh, das ist aber nett von euch. Es ist lange her, dass mir jemand bei der Arbeit helfen wollte, ohne dafür eine Gegenleistung zu erwarten. Ich zeige euch gerne wie das geht. Zusammen macht es doch gleich viel mehr Spaß. Ich bin der Johann, aber nennt mich einfach Hans, so wie das alle meine Freunde tun", freute sich der Bauer und erklärte den beiden die Aufgaben Schritt für Schritt.

Wer Freude sät, wird Glück ernten.

So lernten Oups und Tom in kurzer Zeit allerhand über das Ausbringen von verschiedenen Samensorten.

„Ganz schön anstrengend dieses Säen", sagte Oups, als der Tag sich dem Ende zuneigte.

„Nun ja, die Arbeit macht nicht immer Spaß – aber man kann sie immer mit Spaß machen", antwortete Hans und begann zu lachen, weil er erkannte, dass die beiden schon sehr müde wirkten. „So harte Arbeit seid ihr nicht gewöhnt, deshalb fällt sie euch etwas schwerer als mir, einem alten Mann."

Worauf Tom mit einem Augenzwinkern antwortete: „Ich glaube, es war ein gutes Training. Das Fitnessstudio können wir uns heute sparen."

Zum Dank für ihre Hilfe lud Hans die beiden ein, bei ihm zu essen und zu übernachten – was sie nach kurzer Absprache gerne annahmen. So verbrachten sie gemeinsam einen gemütlichen Abend und hatten viel Zeit für nette Gespräche.

Wertvolles in unserem Leben entsteht
durch ein verständnisvolles Miteinander.

Einige Worte des Bauers blieben Tom besonders in Erinnerung: „Sät nur, was unserer Welt gut tut. Alles andere wird auch euch schaden." Über diese Aussage musste Tom auch im Bett noch lange nachdenken.

Als sich die beiden am nächsten Morgen verabschiedeten, überreichte ihnen der Bauer noch ein kleines Säckchen.

„Was es damit auf sich hat, erfahrt ihr, wenn ihr das Säckchen öffnet. Es ist etwas zum Nachdenken. Und wie ich gestern schon sagte, würde ich mich sehr freuen, wenn ihr zur Ernte wieder kommt. Ihr sollt schließlich sehen, was aus den vielen Samenkörnern geworden ist, die ihr beide heute so fleißig gesät habt."

„Ich komme gerne", antwortete Oups und auch Tom versprach: „Ja, das machen wir. Spätestens zur Erntezeit sind wir wieder hier bei dir."

Nach einer herzlichen Verabschiedung setzten die Freunde ihre Reise fort.

Unsere Welt ist ein verletzliches Pflänzchen,
auf das wir liebevoll achten sollten.

Unterwegs sagte Tom zu Oups: „Weißt du, zuerst war ich ein bisschen sauer auf dich, als du angeboten hattest mitzuhelfen. Ich wollte das eigentlich gar nicht. Aber im Nachhinein weiß ich, dass es mir sehr gut getan hat. Nicht nur, weil ich dabei etwas gelernt habe, sondern auch, weil es ein tolles Gefühl ist, jemanden geholfen zu haben. Das macht mir jetzt selbst eine große Freude."

Oups klopfte Tom anerkennend auf die Schulter und meinte: „Ja, glücklich machen macht glücklich. Das ist ein Grundsatz auf unserem Stern. Denn unser eigenes Herz freut sich dann besonders, wenn wir anderen eine Freude bereiten, ohne dafür etwas zu erwarten. Es ist so wie beim Säen. Man freut sich, weil man etwas zum Aufblühen bringt."

„Das hast du schön gesagt, Oups. Ich werde mir das zu Herzen nehmen. Übrigens, falls ihr noch jemanden braucht dort oben auf eurem Stern, dann übersiedle ich gerne zu euch. Da könnte ich wohl noch viel lernen."

Glücklich machen macht glücklich.
Probier´s einfach aus!

„Na klar Tom, du bist immer herzlich willkommen bei uns. Doch ich denke, hier benötigt man dich viel dringender. Denn es werden Menschen wie du gebraucht, denen es ein Anliegen ist, die Welt zu einem liebevolleren Ort zu machen."

„Und das soll ausgerechnet ich sein? Ich kann da wohl nicht viel bewegen!"

„Doch, Tom! Wie hat es Hans gestern Abend so schön gesagt: Jeder einzelne von uns kann ein Saatkorn für das Wohl dieser Welt sein.

Apropos Hans – bist du nicht neugierig, was er uns da in diesem Säckchen mitgegeben hat."

„Ja sicher", antwortete Tom. „Lass es uns öffnen. Komm setzen wir uns hier unter diesen Baum."

So ließen sich die beiden unter einem kleinen Apfelbaum nieder und öffneten neugierig das Säckchen.

Jeder von uns ist wie ein Saatkorn,
das Freude in unserer Welt sprießen lassen kann.

Es war mit verschiedenen Saatkörnern gefüllt, zwischen denen ein Zettel steckte. Gespannt nahm Tom den Zettel in die Hand und las: „Du erntest, was du säst. Also sei dir stets bewusst, was du säst." Mehr stand nicht geschrieben.

„Und jetzt? So viele verschiedene Samenkörner. Ich kenne nur die Sonnenblumen, den Weizen und ein paar andere. Kennst du die alle, Oups?"

„Nein, leider erkenne ich auch nur einen Teil davon.
Doch ich glaube zu wissen, was unser Freund Hans damit sagen möchte."

„Ach so? Und was will er uns damit sagen?"

„Was passiert, wenn du diese Saatkörner säst?"

„Sie beginnen zu wachsen, was sonst?"

„Stimmt – doch wenn dir nicht bewusst ist, was du säst, dann weißt du auch nicht, was daraus wachsen wird.

Aus dir wächst, was in dir ist.

Es könnte Unkraut sein oder sogar giftige Pflanzen.

Dazu fallen mir gerade die Worte meines Großvaters ein, der einst zu mir sagte:

'Unser Glück kann nur wachsen, wenn wir dafür die richtige Saat ausbringen. Unsere Gedanken spielen dabei eine wesentliche Rolle. Denn Gedanken sind wie Samenkörner. Sie entscheiden darüber, was wir ernten. Du kannst nicht negative Gedanken in dir tragen und dann erwarten, dass daraus etwas Positives sprießt. All unsere Worte und unsere Taten entspringen unseren Gedanken – den bewussten, wie auch den UNBEWUSSTEN.´

Deshalb hat mich mein Großvater immer wieder erinnert, darauf zu achten, welche Saat ich in mir trage und mir geraten: *Lass niemals Unzufriedenheit, Neid, Gier oder gar Hass in deinen Gedanken keimen.*"

Tom nickte zustimmend: „Da hat er wohl recht, dein Opa."

Womit wir uns beschäftigen und womit wir uns umgeben, ist das, was unsere Gedanken nährt.

Tom ließ sich rücklings ins Gras fallen und streckte sich genüsslich. Oups machte es sich neben ihm gemütlich. Beide sahen ein Weilchen wortlos zu den Ästen des Apfelbaumes hinauf, an denen sich gerade die ersten Blüten öffneten.

„Der Baum hat es irgendwie einfacher als wir Menschen. Wir stehen vor so vielen Entscheidungen und können dabei so viel falsch machen. Er macht Jahr für Jahr dasselbe, ohne sich jedes Mal fragen zu müssen, ob das, was er tut, richtig oder falsch ist."

„Hmmm … da könntest du recht haben. Soll ich den Baum auch fragen, ob er weiß, warum das Glück auf Erden schwindet?"

„Ja, bitte frag ihn!", antwortete Tom, der wusste, dass Oups mit allen Pflanzen und Tieren sprechen konnte.

Oups legte seine Hände an den Stamm, so wie er das immer tat, wenn er mit einem Baum in Verbindung trat, um mit ihm zu kommunizieren.

Unser Herz kann fühlen,
was unser Kopf nicht verstehen kann.

Tom sah ihm dabei fasziniert zu. Irgendwie hatte er selbst das Gefühl, die Verbindung zwischen Oups und dem Apfelbaum zu spüren. Es dauerte lange, bis Oups sich wieder Tom zuwandte.

Der fragte neugierig: „Ihr habt euch aber lange unterhalten. Was sagt er denn so?"

Oups setzte sich neben Tom und begann zu erzählen, was der Baum ihm gesagt hatte:

`Ihr seid der Meinung, dass wir Naturwesen es einfacher haben als ihr, weil wir nach einem vorgegebenen Rhythmus leben. Doch ich frage Euch: Könnte es möglicherweise auch daran liegen, dass sich die Menschen das Leben selbst viel komplizierter machen, als es eigentlich ist? Jeder von uns Bäumen weiß – wie auch alle anderen Pflanzen – dass jeder einzelne ein Teil des Ganzen ist.

Nur wenn jeder einzelne seinen Teil beiträgt, wird diese Welt zu einem liebevolleren Ort.

Werdet euch wieder bewusst, dass alles mit allem in Verbindung steht. Es ist die gleiche Luft, die ihr atmet, die gleiche Sonne, die euch wärmt, der gleiche Planet, der euch trägt und ernährt. Und doch meinen viele von euch Menschen, die Welt oder Teile davon, besitzen zu können.

Stellt euch vor, ich würde alle meine Äpfel für mich in Anspruch nehmen? Was würde passieren, wenn ich keine meiner Früchte loslassen würde und aus Gier immer mehr davon als meinen Besitz festhalten würde? Es würde mich krank machen. Oder ich würde eines Tages unter der Last meines Besitzes zusammenbrechen. Schlimmer als das ist aber, dass ich den natürlichen Kreislauf hier auf Erden unterbrechen würde. Das ist so, als wenn dieser Bach da neben mir plötzlich sagen würde: 'Ich fließe nicht mehr. Das Wasser in mir ist mein Besitz.`

Lassen wir die Sonne für andere scheinen,
so beginnt sie in uns zu strahlen.

*So wie wir, seid auch ihr Menschen hier, um euren Teil zum Wohle aller und zum Wohle des Ganzen beizutragen.
Folgt wieder eurem Herzen und erkennt, dass wahres Glück nur im MIT-einander und im FÜR-einander wachsen kann.
Teilt euer Glück, denn nur so kann es sich vermehren.
Ich lade euch herzlich ein, im Herbst wieder zu kommen.
Dann werden euch hier süße, reife Äpfel erwarten. Ich lasse sie für euch wachsen und schenke sie euch. Einfach so!
So einfach könnte es auch bei euch Menschen sein.`*

Tom war berührt von den Worten des Baumes, die ihm Oups übermittelt hatte. Er bedankte sich stillschweigend für den Rat und betrachtete dabei den Baum von unten bis oben. Erst jetzt zeigte sich ihm seine ganze Pracht.

Es lässt unser Herz aufblühen,
wenn wir anderen Freude machen,
ohne dafür etwas zu erwarten.

Dass Tom die Worte tief berührt hatten, war auch für Oups spürbar. So legte er wortlos den Arm um die Schultern seines Freundes und wartete geduldig, bis Tom sein Schweigen brach.

„Oups, diese Worte sind ganz tief in mein Herz gedrungen. Wir Menschen sollten wirklich darüber nachdenken – oder besser gesagt umdenken. Die Natur teilt alles mit uns und was tun wir? Wie gerecht teilen wir in dieser Welt? Den meisten von uns fällt es ja schon schwer im Kleinen zu teilen – in der Familie, in der Nachbarschaft, im Ort.

Ich werde mir das zu Herzen nehmen und mich bemühen, wieder mehr zu teilen! Einfach so! Ja, einfach so, wie dieser wundervolle Baum uns seine Äpfel angeboten hat."

„Das klingt gut, Tom! Du wirst damit viele Menschen glücklich machen, aber ganz besonders dich selbst", sagte Oups mit einem Lächeln.

Nur wenn es uns gelingt, wie die Natur zu teilen, kann das Wohl in unserer Welt dauerhaft wachsen.

„Jetzt habe ich das mit der Saat verstanden", sagte Tom. „Teilen ist eines dieser Saatkörner für das Wohl und das Glück in unserer Welt."

„Ja, so ist es", sagte Oups zustimmend. „Nur was im Fluss ist, kann sich ausdehnen. Alles, was wir horten, wird niemanden glücklich machen und irgendwann verderben. Was hältst du davon, wenn wir uns jetzt auf die Suche nach weiteren Glückssamen machen?"

„Gute Idee – ich bin dabei!", rief Tom und stand auch schon abmarschbereit neben Oups. „Auf geht´s!"

Oups freute sich über Toms Begeisterung.

Sie bedankten sich nochmals bei dem Baum und spazierten danach bestens gelaunt weiter.

Glück kann man nicht festhalten.
Lass es fließen, damit es sich ausdehnen kann.

Tom war tatsächlich wie ausgewechselt. Singend und pfeifend marschierte er neben Oups her, bis die beiden zwei ältere Damen trafen, die auf einer Bank am Wegesrand saßen:

„Guten Tag, meine Damen. Genießen Sie heute auch diesen wunderschönen Tag?", begrüßte sie Tom höflich und charmant.

„Na, das ist ja zur Abwechslung wieder einmal ein netter junger Mann", bedankte sich eine der Damen, worauf die zweite meinte: „Ja, meine Liebe, diese Spezies ist sehr selten geworden. Wir sollten ihn am besten gleich mitnehmen, bevor sie ganz ausstirbt."

Daraufhin begannen die beiden Damen herzhaft zu lachen, was so ansteckend war, dass aus dem lustigen Duo bald ein Lachquartett wurde. Danach plauderten Tom und Oups noch fröhlich mit den Damen. „Eure Freundlichkeit hat uns heute wieder ein paar Jahre jünger gemacht, meine Herren. Schade, dass so etwas so selten passiert."

Freundlichkeit kostet nichts ...

... und ist doch eines der wertvollsten Geschenke.

„Wir werden dafür sorgen, dass sich unsere Art wieder vermehrt", versprach Tom mit einem Augenzwinkern. Oups nickte zustimmend.

„Das wäre schön!", waren sich die Damen einig und bedankten sich zum Abschied nochmals für die lustige Begegnung.

Als die beiden wieder auf dem Weg waren, sagte Tom: „So einfach! Einfach so!"

„Was meinst du damit, Tom?"

„Ich meine, es ist so einfach, einfach so jemandem eine Freude zu machen. Ich habe doch nur freundlich gegrüßt.

„Ja Tom, Freundlichkeit, Herzlichkeit und Fröhlichkeit sind wertvolle Samenkörner für das Glück dieser Welt. Und das Schöne daran ist, dass es zugleich die Saat für unser eigenes Glück ist. Denn, wie sagte doch der Baum: Wir alle stehen miteinander in Verbindung und sind Teil des großen Ganzen. Ja, die Freude, die du säst, ist die Freude, die in dir wächst und sich dann um dich ausbreiten wird."

Die Freude, die du säst,
ist die Freude, die dich umgeben wird.

„Genau, das ist mir gerade auch wieder klar geworden. Es tut wirklich gut anderen Freude zu bereiten", bestätigte Tom. Jetzt habe ich richtig Lust bekommen weitere „Glückssamen" mit dir zu suchen."

Als die beiden in einem kleinen Park eine Treppe hinauf stiegen, rief Oups plötzlich „Vorsicht! Stopp!" und hinderte Tom daran, einen weiteren Schritt zu machen, indem er ihn am Arm festhielt.

„Was ist?" fragte Tom erschrocken.

„Die Schnecke hier. Um ein Haar wärst du auf sie getreten."

„Oh, danke! Die hatte ich gar nicht gesehen. Du bist wirklich sehr aufmerksam, Oups."

Die beiden beugten sich zur Schnecke hinunter und beobachteten sie, wie sie versuchte mit viel Beharrlichkeit die Treppe zu überwinden. Trotz schwierigster Bedingungen gab sie nicht auf und kämpfte sich langsam nach oben.

Um das Glück in kleinen,
unscheinbaren Dingen zu erkennen,
bedarf es Geduld und Zeit...

... und vor allem viel Aufmerksamkeit.

„Da haben wir ja schon wieder zwei Saatkörner entdeckt", freute sich Oups: „Geduld und Beharrlichkeit!"

„Ja, stimmt, doch ein noch wertvolleres Saatkorn hast du mir gerade gezeigt, Oups. Achtsamkeit. Wärst du nicht so achtsam gewesen, so wäre alle Geduld und Beharrlichkeit dieser Schnecke umsonst gewesen", sagte Tom lobend.

Daraufhin hob er die Schnecke vorsichtig von der Treppe und setzte sie behutsam daneben ins Gras. „Da bist du sicherer, kleine Schnecke. Und es ist hier auch etwas leichter für dich, nach oben zu kommen."

„Das war sehr rücksichtsvoll", sagte Oups, „die Schnecke hat sich gerade bei mir für deine Behutsamkeit und deine Hilfsbereitschaft bedankt. Also haben wir zwei weitere Samenkörner entdeckt: Behutsamkeit und Hilfsbereitschaft tragen ebenfalls dazu bei, die Welt zu einem liebevolleren Ort zu machen."

Achtsamkeit und Zuwendung sind
ein Wundermittel, das tiefste Wunden heilen kann.

Wenig später begegneten sie einem jungen Mann in zerschlissener Lederkluft mit furchterregenden Tätowierungen auf beiden Armen.

Während Tom vorbei ging, als würde er ihn nicht wahrnehmen, grüßte ihn Oups freundlich und der Mann grüßte genauso freundlich zurück.

Als er außer Sichtweite war sagte Tom: „Ich hätte nicht gedacht, dass der Typ so nett sein kann."

„Warum nicht?", fragte Oups. „Nur weil sein Äußeres nicht unserem Geschmack entspricht? Da haben wir wohl nun ein Saatkorn entdeckt, das wir nicht in unsere Saatkornkammer aufnehmen sollten. Vorurteile tragen nicht dazu bei, unsere Welt liebenswerter zu machen. Versuche immer das Gute in den Menschen zu erkennen und in ihr Herz zu sehen. Denn gerade hinter äußeren Stacheln, die oberflächlich betrachtet abschreckend wirken, ist die Sehnsucht nach Zuneigung und Liebe oft am Größten.

Fremde können wir erst dann wirklich verstehen,
wenn wir in ihr Herz vordringen.

„Du hast recht, Oups. Wahrscheinlich hätte sich dieser Kerl genauso über einen freundlichen Gruß von mir gefreut, wie die beiden Damen von vorhin."

„Ja, das glaube ich auch", sagte Oups. „Natürlich wirst du auch Menschen begegnen, die nicht zurück grüßen, die sich von dir abwenden oder den Kopf einziehen, wenn du sie nur ansiehst. Aber das sollte nie Grund sein, deine Freundlichkeit zurückzuhalten. Gerade diese Menschen brauchen deine Aufmerksamkeit und Zuneigung am Nötigsten. Denn in Wahrheit sehnt sich jeder Mensch nach Liebe. Weißt du, mein Großvater hat immer gesagt, dass es nur zwei Quellen gibt, aus denen wir schöpfen können. Beide tragen wir in unserem Inneren: Die Liebe und die Angst. Die Liebe finden wir in unserem Herzen. Sie ist die Quelle allen Lebens, von Wachstum, Freude, Hoffnung und Erfüllung. Um es mit den Worten des Bauern Hans zu sagen: *Liebe ist die Saatkornkammer für all das, was unserer Welt gut tut und damit natürlich auch uns selbst.*

Liebe ist die Quelle
für ein glückliches und erfülltes Leben.

All das hingegen, was aus der Saatkammer der Angst kommt, schadet der Welt und natürlich auch dir selbst.
Anfangs sind es meist nur unscheinbare, unbewusst gesäte Samenkörner, wie Undankbarkeit, Neid, Unachtsamkeit und Bequemlichkeit. Doch je weniger bewusst man sich ist, welcher Kammer man sich bedient, desto giftiger können die Saatkörner werden, die man sät. Von Egoismus über Gier können sie schließlich zu Hass werden, der ebenfalls der Angst entspringt. Der Angst nicht genug zu bekommen, der Angst etwas zu verlieren, der Angst wertlos zu sein. Darum ist es so wichtig sich seiner Gedanken BEWUSST zu SEIN. Sie sind unsere Saat."

„Es ist aber nicht leicht, freundlich oder gar fröhlich zu sein, wenn es einem selbst schlecht geht. In so einer Situation bin ich auch nicht gut drauf", entgegnete Tom.

Nicht unsere momentane Situation,
sondern unsere Lebenseinstellung
bestimmt darüber, ob wir das Glück
in unserem Leben anziehen.

„Das stimmt, Tom", antwortete Oups. Leicht ist es nicht. Doch je schlechter es dir geht, desto wichtiger ist es, sich aus der Saatkammer der Liebe zu bedienen und liebevolle, positive Gedanken zu säen. Denk an das, was uns der Bauer Hans gesagt hat: An das Prinzip von Saat und Ernte. Wenn du darauf wartest, dass dich erst jemand fröhlich stimmt, damit du fröhlich bist, ist das, als ob du eine gute Ernte erwartest, ohne vorher etwas Gutes gesät zu haben. Gedanken sind eine Form von Energie, die eine hohe Anziehungskraft haben. Gutes zieht Gutes an, so wie Schlechtes eben Schlechtes anzieht. Sind unsere Gedanken auf Mangel fixiert, so werden sie den Mangel verstärken.

Darum mein lieber Freund, lass uns jetzt wieder weiterziehen, um Ausschau nach mehr von diesen fruchtbaren Glückssamen zu halten!"

Da stimmte Tom sofort zu: „Ja, auf geht's!"

Und so machten sich die beiden wieder auf den Weg.

Ohne gute Zutaten bringt auch der beste Koch keine „Gaumenfreuden" auf den Tisch.

In den nächsten Tagen begegneten sie noch vielen Erdbewohnern und erfuhren dabei so einiges über deren Saat für ein glückliches Leben … über Treue und Mitgefühl, Ehrlichkeit und Güte, Großzügigkeit, Toleranz und vieles mehr.

Am Abend ließen sich die beiden Freunde auf einem kleinen Hügel nieder und beobachteten die untergehende Sonne.

„Das war ein wunderschöner Tag. Nun ist mein Herz prallvoll mit Glückssamen", schwärmte Tom überglücklich und bedankte sich bei Oups. „Dank dir konnte ich in dieser kurzen Zeit so viele wertvolle Erfahrungen sammeln wie nie zuvor."

Oups freute sich sehr über dieses Lob. „Ich danke dir Tom. Schön, dass du mich begleitet hast. Es freut mich, dass du so viele Samenkörner für dein Glück finden konntest."

„Ja, und ich werde sie weitergeben, da mir eines wieder bewusst geworden ist: Nämlich, dass das eigene Glück nur dann wächst, wenn ich selbst etwas dafür tue, damit das Glück in unserer Welt sprießen kann. Oups, es ist, wie du es so letzthin gesagt hast: Glücklich machen macht glücklich!"

Das große Glück beginnt ganz klein:
Im Füreinander da zu sein.

… so hatten Oups und Tom am Ende ihrer gemeinsamen Expedition viele wertvolle Samenkörner gesammelt, die sie als Saat für eine friedliche, liebevolle Welt ausbringen wollen. Und beide freuen sich bestimmt sehr darüber, wenn ihnen dabei möglichst viele Menschen wie DU helfen.

Noch ein kleiner Tipp von Oups: „Du musst dich nicht irgendwo da draußen auf die Suche nach Glückssamen machen, wie Tom und ich das gemacht haben. Denn du trägst alle diese und viele andere wertvolle Samenkörner bereits in deinem Herzen.
Es geht nur darum, sie JETZT zu säen!"

GESCHICHTE / SPRÜCHE

Kurt Hörtenhuber

So wie das Wetter, können wir vieles im Leben nicht beeinflussen. Über eines dürfen wir jedoch immer selbst bestimmen: über unsere persönliche Lebenseinstellung. Sie ist wie ein Samenkorn. Sie lässt das wachsen, was wir säen. Gerade in schwierigen Situationen, ist entscheidend, mit welcher Lebenseinstellung wir diese Situation betrachten. Angstvoll, wutentbrannt, resignierend … oder doch mit Vertrauen, Optimismus, Zuversicht …

In diesem Sinne wünsche ich allen Leserinnen und Lesern viel Freude beim Säen.

ILLUSTRATIONEN

Günter Bender

Für mich bedeutet Glück, dass es meiner Familie und den Menschen, die ich liebe, gut geht. Dass ich eine Arbeit verrichten kann, die Sinn macht und auch anderen etwas bringt. Eine Tätigkeit auszuüben, die meinem Wesen entspricht und mir Freude und Erfüllung ist. Ja, das ist dann mein ganz persönliches Glück - ein wunderbares und erfüllendes Gefühl, für das ich sehr dankbar bin. Aber ehrlich gesagt, denke ich über Glück nicht viel nach. Ich versuche das Leben zu lieben und zu leben.

Danke und viel Freude beim Lesen und Betrachten der Bilder.

OUPS©

Liebenswerte Gedanken für eine lebenswerte Welt

Mehr über „Oups"
mit einer Übersicht
aller Bücher
und Geschenkartikel,
sowie Lese- und Hörproben
finden Sie unter:

www.oups.com